D1101177

doet fien raar?

Selma Noort
met tekeningen van Irma Ruifrok

Zwijsen

fien in de boom

fien is bij oom leen.
ze zit in de tuin in de boom.
de zon schijnt op haar pet.
ze zit daar wel fijn.
er is veel te zien.
het hek om de tuin.
en daar loopt een man.
een bus is op de weg.
en na de weg komt nog een hek.
en dan ook een tuin.
maar geen tuin bij een huis.
nee, de tuin staat vol.

met hier een hok en daar een hek.
daar een hek en hier een hok.
in dat hok woont een dier.
niet een dier.
wel twee.
nee, drie.
fien kijkt en telt.
en ze ziet er wel tien.

'oom leen!' roept fien.
'ik zie een aap.
ik zie er wel tien!'
maar oom leen hoort fien niet.
hij is in het huis.
daar kookt hij soep.
fien ziet oom leen in huis.
oom leen roert in de pan.
fien kijkt om.
dat is gek!
wat doet die aap nou?

9

aap wil in de boom

mag die aap wel uit zijn hok?
oo, hoe kan dat nou?
dat mag niet, aap.
jij mag niet uit die tuin.
pas op de weg!
kijk uit voor de bus!
pas op voor die man.
wat doe je nou, aap?
waar wil je naar toe?
aap wil ook in de boom.
hij wil in de boom bij fien.
hij kijkt niet uit.
hij rent de weg op.
'toet toet', doet de bus.
'wat is dat nou?' roept de man.
'pas nou op!' gilt fien.
hop, aap zit op het hek.
hij kijkt naar fien.
hij ziet er lief uit.
'kom dan, aap,' zegt fien.
kom maar bij mij op de tak.

11

fien valt

hup, daar komt aap.
hij zit bij fien.
hij wil niet in zijn hok.
'oe, oe,' zegt aap.
'dag aap,' zegt fien.
'oe, oe,' wijst aap.
hij wijst naar het huis.
het huis van oom leen.
fien legt het uit aan aap.
'daar woont oom leen.
kijk, daar is hij.
zie je hem?
dat is nou oom leen.
hij kookt soep.'
aap pakt de neus van fien.
hij wijst naar het oog van fien.
hij rukt aan het haar van fien.
'haa haa, hie hie.
wat doe je nou gek, aap!
au, laat mijn neus los!
hee, laat mijn haar los!'
fien pakt aap beet.

13

en valt aap uit de boom?
nee, een aap valt niet.
maar fien wel.
boem - au!
fien valt op haar bil.
'hoe haa!' roept aap.
'au, mijn bil,' gilt fien.
'dat is niet leuk hoor, aap!'

14

aap komt uit de boom.
hij gaat naar fien.
'oe, oe, oe!' doet hij.
huilt aap?
nee, maar hij is lief.
aap is wel een schat.
hij geeft fien een zoen.
brrr, een hap-zoen.
die zoen is nat.
en hij ruikt naar aap.
maar het is lief.
dat wel.

waar gaat aap heen?

brrr, rilt fien nog.
'fien, waar ben je?'
fien kijkt naar de deur van het huis.
daar is oom leen.
hij zoekt in de tuin.
'fien, ben je daar?'
hup, weg is aap.
hoog in de boom.
oom leen ziet hem niet.
'fien, waar ben je?
ik haal nog ijs.
dat is voor toe.
hoor je me, fien?'
'ja, oom leen,' roept fien.
'ik lust wel ijs.
dag, oom leen.'
'dag, fien.'
oom leen gaat weg.
hup, aap komt uit de boom.
hij loopt naar het huis.
'wat doe je, aap?
waar wil je heen?

dat mag niet, hoor.
daar woont oom leen.
een huis is niet voor een aap.'
hoort aap fien niet?
fien weet het niet.
aap holt naar de deur.
maar hoe moet dat, een deur?
aap weet het niet.
dus hij gaat door het raam.

een aap in huis

hop, daar zit aap bij een pan.
fien rent naar het huis.
ze kijkt door het raam.
'kom hier, aap!
dat mag niet van oom leen.
hij zal boos op je zijn!
en ook op mij.'
aap doet heel gek.
boem, de pan valt om.
niet de pan met de soep.
oef, nee, die pan niet!
aap gaat in de pan.

'hie hie, hoe haa!'
boem, bam, bem!
de pan rolt om en om.
aap heeft lol!
'hie hie, hoe haa!'
fien gaat het huis in.
'hou nou op, aap!
kom hier bij mij!
hoor je mij, aap?'
nou nee, aap hoort het niet.

en hij wil het ook niet.
hij holt naar de pot.
'nee, pak die pot niet!
je bent niet lief, hoor!
laat dat, rot aap!'
'oe oe oe ...'
'poe, je huilt heus niet.
je doet maar gek.
kom mee met mij uit huis.
dan ben je pas zoet.
kom dan bij fien ...'

maar aap komt niet bij fien.
bij de pan staat het zout.
aap ziet het zout.
en hij pakt het.
hop, hier zout en daar zout.
zout op de kaas.
en zout op een ei.
zout op de zeep.
en zout op de koek.
aap holt naar de hoek.

daar ligt de schaar.
die ligt bij een mes.
nu gaat het veel te ver.
aap mag dat mes niet.
en die schaar mag hij ook niet!
fien pakt een doek.
ze geeft aap er een mep mee.
'pas op, hoor aap!
daar kom je niet aan!'
'hoe hoe!' roept aap boos.
hij holt al weg.
nu pakt hij de kaas van oom leen.
en hij neemt een hap.
'baaaa - brrrrr!'
hij kijkt nog vies ook.
oooo!
dat zou fien niet doen!
een hap uit de kaas!

23

daar is oom leen!

'ha fien, hier ben ik!
ik heb het ijs voor toe.'
daar is oom leen!
aap legt de kaas weg.
hij holt naar het raam.
hij rent door de tuin.
hop, op het hek.
en weg is hij.
en oom leen en fien?
oom leen kijkt naar de kaas.
hij kijkt naar het zout.
hij zet het ijs bij de pan.
hij kijkt in de pan.
maar daar zit geen aap.
de pan is leeg.
'wat is dit nou, fien?'
'er was een aap, oom leen,' zegt fien.
'nam jij een hap uit de kaas, fien?'
'ik niet, die aap!' zegt fien.
'wat zeg je nou?
een aap nam een hap uit de kaas?
wat doe jij raar, fien.

poe, een aap!
kom nou zeg!'
oom leen veegt het zout weg.
hij roert nog in de soep.
hij is niet boos.
'mmm, soep,' zegt hij.
'en ik ben gek op ijs.
haa haa, die fien.
die nam een hap uit de kaas ...'

de soep is op.
en het ijs is op.
fien zit op de tak in de boom.
ze kijkt naar de tuin met het hok.
ze ziet daar een aap.
nee, ze ziet er wel tien.
één aap is erg lief.
'hoe hoe, kus kus,' doet hij naar fien.
'kus kus,' doet fien ook.
ze roept: 'is het fijn in je huis?
oo, en weet je wat, aap?
oom leen was niet boos!
dag aap!'

In deze serie ik lees! zijn verschenen:

AVI 1

doet fien raar?
Selma Noort en Irma Ruifrok

De lol
Edward van de Vendel en
Martijn van der Linden

AVI 2

Ik was een held!
Bies van Ede en Kees de Boer

Door dik en dun
Rindert Kromhout en Georgien Overwater

AVI 3

**Tinus Troep
en de waarheid**
Rian Visser en Joyce van Oorschot

Lo en de beestjes
Elisabeth Marain en Egbert Koopmans

L	Leeservaring A B C D E F G H	
A	AVI 1 2 3 4 5 6 7 8 9	
T	Thema dieren	

vanaf 6 jaar

Toegekend door KPC Groep te 's-Hertogenbosch.

NEDERLANDSE
KINDERJURY
2005

1e druk 2004

ISBN 90.276.7940.1 • NUR 287

Vormgeving: Rob Galema

© 2004 Tekst: Selma Noort
Illustraties: Irma Ruifrok
Uitgeverij Zwijsen B.V., Tilburg
Voor België: Zwijsen-Infoboek, Meerhout D/2004/1919/615